Die Frauenkirche zu Dresden um 1850.
Aquarell. Sammlung W. Bachmann, Dresden.

DIETER NADOLSKI

DIE FRAUENKIRCHE ZU DRESDEN

TAUCHAER VERLAG

KURZWEILIGES Nr. 04

Nadolski, Dieter:
Die Frauenkirche zu Dresden / Dieter Nadolski. –
2. Aufl. – [Taucha]: Tauchaer Verlag, 1998.
ISBN 3-910074-22-7

© by Tauchaer Verlag
Reihenentwurf: Th. & H. Selle
Herstellung:
Neumann & Nürnberger, Leipzig
Satz und Reproduktion:
Offizin Andersen Nexö Leipzig GmbH
Druck und Verarbeitung:
Westermann Druck Zwickau
Printed in Germany
ISBN 3-910074-22-7

INHALT

VORWORT

$\mathcal{E}$INE der alten europäischen Handelsstraßen in west-östlicher Richtung überquerte zwischen Freiberg und Bautzen die Elbe. An jenem Flußübergang entstanden zu beiden Ufern schon in früher Zeit die dörflichen Siedlungskerne Dresdens. Bereits 1206 wurde das Stadtrecht erteilt. Die mächtigen Wettiner zählten den Ort am Elbstrom zwar ab 1319 zu ihrem Besitz, doch die Stadt war damals noch weit entfernt davon, ständige fürstliche Residenz zu sein. Bis zum 15. Jahrhundert wurde fürstlicher Hof an den verschiedensten Orten gehalten, so neben Dresden z.B. in Leipzig, Wittenberg, Torgau und Meißen. Mit der Umgestaltung und Erweiterung des Dresdner Schlosses durch Arnold von Westfalen ab 1471 und der 14 Jahre später erfolgenden Trennung in albertinisches und ernestinisches Besitztum waren aber die Weichen gestellt, daß sich die Stadt am Elbstrom zur festen Residenz des albertinischen Herzogtums Sachsens entwickelte.

Kaiser Karl V. sprach am 24. Februar 1548 Herzog Moritz von Sachsen die Kurwürde zu. Die Rangerhöhung und die damit verbundene Aufwertung der Residenz führten freilich noch nicht zu jener prächtigen städtebaulichen Entwicklung, die Dresden später den Beinamen »Elbflorenz« einbringen sollte. Erst Kurfürst Friedrich August I. (»August der Starke«, 1670–1733), als August II. seit 1697 auch König in Polen, und seinem Sohn Friedrich August II. (1696–1763) war der großzügige Ausbau der Stadt vorbehalten.

Johann Christian Crell, der sich unter dem Namen Iccander als Chronist in der ersten Hälfte des 18. Jahrhunderts zu Worte meldete, schrieb 1726 voller Begeisterung von »dem fast auf dem höchsten Gipfel seiner Vollkommenheit und Glückseligkeit prangenden königlichen Dresden« und nannte als die sieben Wunderwerke der Stadt »das unvergleichliche Zeughaus, die in aller Welt berühmte Kunstkammer, den recht königlich ausgezierten Stall, die in ganz Europa jetzt berühmteste Elbbrücke, das mit allen japanischen Kostbarkeiten versehene ostindianische Palais am Weißen Tor, den seinesgleichen in Europa nicht habenden Zwingergarten und das große und trefflich ausmöblierte Jägerhaus.«

Natürlich mußte in der Aufzählung die Frauenkirche des George Bähr fehlen, um deren Aufbau immer noch debattiert wurde, als in Leipzig Iccanders Buch erschien. Gut zwei Jahrzehnte später traf allerdings ein Chronist in Dresden ein, der statt der Feder den Malerpinsel nutzte, um von den Schönheiten der Stadt mit der Frauenkirche zu erzählen: Bernardo Belotto, genannt Canaletto. Der 1721 geborene Venezianer hatte 1747 den Ruf an den Dresdner Hof erhalten, schon im Jahr darauf genoß er die

Dresden von der Gegend des Holzplatzes, 1776.
Von A. L. Stein (1732–1814).

Ehre, sich Hofmaler des Königs nennen zu dürfen. Über den »Peintre du Roi« schrieb der Begründer des sächsischen Kunstvereins Johann Gottlob von Quandt (1787–1859):

»Er bemerkt Zufälligkeiten, die andere übersehen; zum Beispiel einige neue Ziegel auf einem alten Dache, einen Riß im Mauerwerk, ja, daß die Vorhänge an den Fenstern ein einem Haus zugezogen sind und andere nicht … Zugleich schildern diese Prospecte auch die Sitten der Zeit, in welcher sie gemalt wurden.«

Die detailgetreuen Gemälde mit der Frauenkirche, die uns ein so guter Beobachte wie Canaletto hinterließ, geben zu erkennen, wie imponierend sich dieser Bau von Anfang an in das Bild der Residenz nicht nur eingeordnet, sondern die Silhouette der Stadt entscheidend geprägt hat. Es verwundert deshalb nicht, daß die weithin sichtbare Frauenkirche mit ihrer hohen, glockenförmigen Kuppel für viele Menschen als das Wahrzeichen Dresdens überhaupt galt. Für nicht wenige Bürger war das Gotteshaus zugleich so etwas wie die Seele ihrer Stadt.

Kurz vor dem Ende des Zweiten Weltkriegs, in der Nacht vom 13. auf den 14. Februar 1945, wurde die Stadt mit Bomben übersät. Unzählige Menschen starben, und mehr als 12 000 Gebäude fielen dem Luftangriff zum Opfer. Das Augusteische Dresden und damit das Antlitz der Stadt mit der herausragenden Frauenkirche, wie es Canaletto einst festgehalten hatte, war innerhalb weniger Stunden ausradiert.

Wenn wir im folgenden von der Geschichte dieses Sakralbaues berichten, ist es ermutigend zu wissen, daß letztlich keine Grabrede geschrieben werden muß. Der Wiederaufbau der Frauenkirche ist nicht nur beschlossene Sache, sondern bereits im vollen Gang. Spätestens zur 800-Jahrfeier der Stadt, im Jahr 2006, soll das Werk vollendet sein.

DIE ALTE KIRCHE IST ABZUREIßEN!

$\mathcal{D}$ER achtzigjährige Melchior in dem Dörflein Wachwitz bei Dresden galt von jeher im weiten Umkreis als Sonderling. Er verstand sich auf das Besprechen von Warzen, wußte Mittel gegen den bösen Blick und konnte strenge Winter voraussagen. Lesen und Schreiben hatte er nicht gelernt, und soweit man sich erinnern konnte, war der redselige Alte niemals über die Grenze seines Weinbergs hinausgekommen. Dennoch: Wer den Eremiten in seiner wohl vor unendlichen Zeiten gebauten Lehmhütte aufsuchte, ging – falls er viel Zeit und Geduld mitbrachte – merkwürdigerweise selten ohne einen nützlichen Wink für den Alltag davon. Was aber noch erstaunlicher schien: Gab es Neuigkeiten, so erfuhr man sie in aller Regel zuerst bei Melchior. Ein Wunder war das freilich nicht, denn über die Jahre hatte er Stammbesucher nicht nur aus allen Bauerndörfern im Umkreis, sondern auch aus der Residenzstadt Dresden – und nahezu jedermann nahm nicht nur neue Zeitung mit, sondern erzählte zuvor dem Alten von den Geschehnissen draußen in der Welt.

Man schrieb das Jahr 1722. Melchior hatte den braven Dörflern vom Dresdner Hof erzählen können, daß sich August der Starke nunmehr mit dem Orden zum Goldenen Vlies schmücken konnte und das Heer reformiert werden sollte, doch sonderlich interessant empfand das hier draußen auf dem flachen Land niemand. Mehr Anteilnahme gab es an einem höchst neumodischen Vorgang, nämlich dem Aufstellen von Postmeilensäulen durch einen gewissen Adam Friedrich Zürner. Der Hofgeograph behauptete, man benötige solcherlei Dinge, um die Entfernungen zu den wichtigsten Orten ablesen zu können. Die Dörfler stritten ein wenig über die Genauigkeit der Angaben und wurde sich dann rasch einig: Sicherer wäre es allemal, den alten Melchior zu befragen, falls einer tatsächlich über Dresden hinaus zu laufen hatte. Alles in allem schien ansonsten das Jahr wie jedes seit der guten alten Zeit dahin zu plätschern, doch dann kam der Tag, an dem die Wachwitzer, die Loschwitzer, die Tolkewitzer, die Laubegaster und noch viele andere Dorfbewohner beiderseits der Elbe eine höchst aufregende, kaum glaubhafte Nachricht vernahmen: In Dresden soll die Kirche zu Unser Lieben Frauen abgerissen werden!

Die Aufgeregtheit und das ungläubige Staunen erklärten sich aus einem Sachverhalt, der tief in die Regionalgeschichte verwurzelt war, sich aber vor allem für die Wachwitzer und Loschwitzer seit 1683 mit besonderen Kümmernissen verband. Die auf den Namen der Mutter des Gottessohn Jesus, Frau Maria, geweihte Kirche ist vermutlich schon im 11. Jahrhundert als Missionsstützpunkt gegründet worden. Seit 1306 übte der Bischof von Meißen das Patronat aus, knapp einhundert Jahre später, 1404, ging es an den Landesherrn über, um dann schließlich mit Einführung der Reformation von Dresden selbst übernommen zu werden. Als damals – man schrieb das Jahr 1539 – der Rat der Stadt die Patronatsrechte an sich zog, befand sich die Frauenkirche noch außerhalb der Stadtmauern. Zwar war die einige hundert Meter elbaufwärts gelegene Fischersiedlung schon beträchtlich gewachsen, doch das eigentliche Dresden begann erst hinter dem Frauentor, das mit Beginn der Dunkelheit regelmäßig geschlossen und erst im Morgengrauen wieder geöffnet wurde.

Die alte Frauenkirche, vor 1720.
Kupferstich von Moritz Bodenehr (1665–1748).

Dennoch, das Kirchlein diente nicht nur als Pfarrkirche für mehr als zwei Dutzend Gemeinden im Umkreis, sondern auch für die Dresdner. Als sich Caspar Voigt von Wierandt 1546 anschickte, im Auftrag der Stadtväter die Festung zu erweitern, stand die Notwendigkeit außer Frage, schleunigst die Frauenkirche in die Mauern hineinzunehmen.

Ob vor dem Tor oder hinter den Mauern, das alles stellte im 16. Jahrhundert für die Dresdner einerseits und zum anderen für die Bürger im Weichbild der Stadt sowie in den umliegenden Flecken und Dörfern noch kein Kümmernis dar. Schon im Säkulum zuvor war fleißig an der Kirche gewerkelt und erweitert worden, hatte man einen zweifenstrigen gewölbten Chor und eine Halle in Chorlänge hinzugefügt. Jetzt statteten die Zimmerleute die Kirche mit einer doppelten Empore aus, und auch die eingebaute Orgelempore bot Platz für weitere Besucher. Im folgenden Jahrhundert allerdings legte niemand mehr Hand an, um das Gotteshaus zu vergrößern, obwohl die Zahl der an den Sonntagen, geschweige denn zu den kirchlichen Feiertagen versammelten Gläubigen immer größer wurde.

Dann kam das schon genannte Jahr 1683. Der Vater Augusts des Starken, Johann Georg III., war vor drei Jahren Kurfürst von Sachsen geworden und kämpfte an der Spitze eines 11 000-Mann-Heeres gegen die Türken in Wien. Zeit, sich um die vielen Alltagsprobleme in seiner Residenzstadt zu kümmern, hatte er im Augenblick wahrhaftig nicht. Ein solches alltägliches Sorgenkind und immerwährendes Ärgernis war für die Kirchen- wie auch für die Stadtväter die unerträgliche Überfüllung der alten Frauenkirche während der Gottesdienste. Man konnte disputieren wie man wollte, Ausflicken und Anbauen nützte kaum, eine grundlegende Lösung schien erforderlich. Das konnte letztlich nur der Neubau eines Gotteshauses sein, doch dazu benötigte man nicht nur den Segen des Landesherrn, sondern zugleich Zugang zu dessen Geldschatullen. Da weder das eine noch das andere in Aussicht stand, faßte die wackere Obrigkeit notgedrungen einen aufsehenerregenden Entschluß:

Ab sofort war es den Gottesdienstbesuchern aus Loschwitz und Wachwitz untersagt, sich im Kirchenschiff oder auf den Emporen aufzuhalten – sie hatten auf dem Kirchenboden Platz zu beziehen!

Das stellte mehr als eine Zumutung dar, denn nach mühseligem Anmarsch über sumpfige Pfade oder über Schnee und Eis hinweg kaum sitzen zu können, sollte noch angehen, aber nicht einmal den Herrn Pastor zu sehen und sein Wort oben auf dem Boden nur undeutlich oder gar nicht zu vernehmen, das wollte den Loschwitzern und Wachwitzern zu Recht nicht in den Kopf. Die Obrigkeit allerdings blieb hart bei ihrer Festlegung. Nein, anders ginge es unter keinen Umständen, und schließlich müßten mancherlei Leute aus Dresden auch Opfer bringen, denn bestimmte Abteilungen der einheimischen Garnison wären nunmehr auch auf den Kirchenboden beordert.

Vor dem Hintergrund einer solchen Regelung ist die Neuigkeit zu sehen, die Anno 1722 vom alten Melchior zu erfahren war. Abriß der engen und dazu arg baufälligen Frauenkirche mußte doch zugleich bedeuten, es soll ein neues, größeres Gotteshaus entstehen. Wer immer es wollte, würde dann den Herrn Pfarrer erblicken können und zugleich bequem sitzen. Seit 1708 konnte man zwar auch eine am Loschwitzer Berghang gebaute Kirche aufsuchen – die Beschwerden waren mittlerweile zu massiv geworden, so daß zur Abhilfe dieser schnelle Bau zustande kam – doch man war es eben von altersher gewöhnt, nach Dresden zu gehen und gute Bekannte zu treffen. Halleluja, es würde wieder eine Lust sein, Sonn- und Feiertags in der Frauenkirche zu weilen! Der Name der alten Kirche würde doch wohl beibehalten werden?

Wer so dachte, irrte sich nicht. Der Abriß des alten Gotteshauses war genauso so fest beschlossen wie die Errichtung eines weiträumigen, prächtigen Neubaus unter dem altehrwürdigen Namen. Schon Jahre zuvor, am 1. Mai 1714, hatte August der Starke höchstpersönlich die Schließung des eng gewordenen Gottesackers rund um die Kirche angeordnet. Ein emsiger Kirchendiener machte sich damals die Mühe, die Grabinschriften nicht nur sorgfältig zu zählen, sondern auch ihre Texte genauestens in den Akten festzuhalten. Zusammen mit den Grabstätten im Inneren der alten Frauenkirche und in den Schwibbögen der Mauern wurden so insgesamt 1351 Inschriften in den Büchern registriert. Die

Überführung der Leichen war ebenfalls angeordnet worden, doch es sollte noch bis zum Jahr 1724 dauern, bevor alle Bestatteten auf verschiedenen anderen Friedhöfen eine neue Ruhestätte fanden.

Auch wenn also die Umsetzung der Augusteischen Order Zeit forderte – jetzt erinnerte Melchior seine Besucher daran und überzeugte damit die letzten Zweifler – es wurde ernst! In Bälde würde das Stündlein des uralten Hauses mit dem verpönten Kirchenboden schlagen. Freilich, allzu zügig arbeiteten die behördlichen Instanzen immer noch nicht. Einige Jährchen vergingen noch, doch am 9. Februar 1727 wurde in der alten Frauenkirche die letzte Predigt gehalten, am nächsten Morgen begann der Abbruch.

SCHÄDELBRUCH, STICKFLUSS
UND VERZEHRUNG

NACHDEM feststand, daß an Stelle der alten Frauenkirche ein viel größeres, prächtigeres Gotteshaus gebaut werden sollte, machte eine Persönlichkeit von sich reden, deren Grabmal später in den Katakomben des neuen Gebäudes einen Platz erhielt – der Ratszimmermeister und Architekt der Frauenkirche George Bähr. Der Lebensweg dieses Mannes war wenig dramatisch, sein Ende hingegen verbindet sich bis auf den heutigen Tag mit mancherlei Spekulationen…

Im März 1666 hielt der Pfarrer im Kirchenbuch der kleinen Erzgebirgsgemeinde Fürstenwalde pflichtgemäß fest, daß zum 15. des Monats den Bährs ein Sohn geboren und auf den Namen George getauft wurde. Ob er in seinem Geburtsort, im nahegelegenen Dippoldiswalde oder ganz und gar fern seiner Heimat den Beruf des Zimmerers erlernt hat, ist wohl nicht mehr zweifelsfrei aufzuhellen. Vielleicht zog es den jungen Burschen bald nach dem weltstädtischen Dresden. Wie eine urkundliche Notiz im Brevier der Dreikönigskirche belegt, ist er jedenfalls 1693 nach jahrelanger Wanderschaft hier (wieder?) ansässig und inzwischen längst ein gestandener Zimmermannsgeselle. Zwölf Jahre später bestellten die Stadtväter den 39jährigen George Bähr zum

Ratszimmermeister. Dresden war zu jener Zeit eine außerordentlich glanzvolle Metropole, nicht zuletzt verursacht durch die hervorragende Rolle Augusts des Starken. Aus ganz Europa richteten sich Blicke auf die Stadt an der Elbe, und so wird man sich gut überlegt haben, wem man die große Ehre zuteil werden läßt, Erster Zimmermeister der Residenz sein zu dürfen. Trotz dieser hohen Würde und Verpflichtung vergingen weitere sechs Jahre, bevor Meister Bähr das Bürgerrecht zugesprochen bekam. Tauglich dazu wäre er schon viel früher gewesen, ließ ihn der Rat wissen, doch wer nicht über Haus und Hof verfüge, könne nun einmal nicht Bürger werden. 1711 hatte George Bähr dann endlich das notwendige Wohnhaus erworben, an das er sogleich eifrig Hand anlegte und zu einer mustergültigen Zimmermannswerkstätte ausbaute.

Mit der Bestellung zum Ratszimmermeister ist der weitere Lebensweg und sind die Taten Bährs ziemlich lückenlos nachzuvollziehen. So errichtete er beispielsweise gemeinsam mit dem Ratsmaurermeister Johann Christian Fehre von 1705 bis 1708 die schon im vorangegangenen Kapitel genannte Kirche in Loschwitz, ab 1710 entstand in Dresden die alte Waisenhauskirche, und drei Jahre später baute er in Schmiedeberg und Forchheim. 1722 äußerte er sich gutachterlich zur alten Frauenkirche, bevor er dann im selben Jahr mit der Fertigung von Plänen für die Neuerrichtung beauftragt wurde.

Was erneut im Dunkeln liegt, sind die Umstände seines Todes. Verstorben ist Bähr am 16. März 1738.

Im Kirchenbuch der Kreuzkirche ist dem Brauch gemäß eine Todesursache eingetragen worden: Demnach verstarb »der bekannte Architektus und Ratszimmermeister George Bähr« an »Stickfluß und Verzehrung«. Die auszubildenden Medizingelehrten bekamen in den gängigen Kompendien der ersten Hälfte des 18. Jahrhunderts die Symptome des Stickflusses u. a. so beschrieben:

»Bey dem Steck-Fluß findet sich ein zäher und starcker Zufluß von Feuchtigkeiten in die Brust / nebst einem Unvermögen selbige auszuhusten oder auszuwerffen / indem die Organa, durch welche solches bewerckstelliget werden solte / zu schlapp und ihres gehörigen Toni beraubet sind. Daher sammlet sich die Materie / versetzt die Lufft-Röhre / und verursachet eine schwere Respiration nebst einem starcken Röcheln auff der Brust / dabey man befürchten muß / daß der Patient ersticken werde.«

Daß George Bähr unter jämmerlichen Röcheln verstorben ist, muß man wohl nicht anzweifeln. Ob die Ursache aber wahrhaftig primär ein Lungenödem war, war damals und ist bis auf die Gegenwart fraglich. Nach dem Ableben begrub man den Toten auf dem alten Johannesfriedhof vor dem Pirnaischen Tor. George Bährs Wunsch, dereinst in seinem meisterlichen Werk, der neuen Frauenkirche, bestattet zu werden, erfüllte man ihm 1738 merkwürdigerweise nicht. Schon damals munkelte man, der greise Meister sei vom Gerüst gestürzt und wäre dann dahingesiecht. Einige Zeitgenossen wollten sogar genau wissen, daß George Bähr in selbstmör-

Das Grabmal George Bährs in den Katakomben
der Frauenkirche, 1738.
Sandsteinarbeit von Johann Christian Feige d. Ä. (1689–1751).

derischer Absicht in die Tiefe gesprungen sei, und
zwar aus Gram über die Einsturzgefahr der Kir-
chenkuppel. Als man sich wegen der Auflassung
des alten Friedhofs 1854 endlich anschickte, ihn dort
zur letzten Ruhe zu betten, wo er es sich gewünscht
hatte, nahm man Gelegenheit, seine sterblichen Re-

ste zu untersuchen. Das Ergebnis wurde schriftlich festgehalten und verblieb wohl in der Familie des Baumeisters. 1932 übergab eine Urenkelin George Bährs das Dokument der Frauenkirchengemeinde. In dem Schriftstück war ein Befund als eindeutig ausgewiesen – Bähr hatte tatsächlich einen Schädelbruch erlitten. Wiederum spekulierten einige: War den Angehörigen, falls es damals einen bewußten Sturz vom Gerüst gab, der Sachverhalt vielleicht immer schon bekannt, und hatte man die Tat aus Furcht davor verschwiegen, dem Selbstmörder könne das christliche Begräbnis verweigert werden?

George Bährs Grabmal, wenige Monate nach dem Ableben das Ratsbaumeisters von dem Dresdner Bildhauer Johann Christian Feige d. Ä. gefertigt, trägt folgende Inschrift:

»Nun habe ich genug gelebet, gebaut, gelitten./ Mit Satan, Sünd und Welt genug gestritten./Jetzt lieg ich in dem Bau, der droben prangt./Hab vollen Sieg und Ruh und Fried erlangt. /Nehmt, Liebste, Gott zum Mann und Vater an./In dessen Treu niemand verderben kann.«

ALLER GUTEN DINGE SIND DREI

EINES Tages im Früh-
jahr 1722 schellte es heftig an der Tür des Bährischen
Hauses, An der Mauer 2, Ecke Seegasse gelegen. Ein
städtischer Bote gestikulierte aufgeregt, weil ihm die
Zeit des Wartens zu lang schien und er doch überaus
wichtige Nachricht zu überbringen hatte. Der Herr
Ratszimmermeister möge sich auf der Stelle in das
Rathaus bemühen, man habe ihm etwas mitzuteilen.
George Bähr stülpte sich seine Perücke über und
ging in hastiger Neugier hinüber zu dem Gebäude
am Neustädter Markt in Altendresden, das als eines
der wenigen Häuser den verheerenden Brand von
1685 ohne Schaden überstanden hatte.

Hier nun eröffnete ihm der Rat, er solle baldigst
einen Plan vorlegen, wie eine neue Frauenkirche
aussehen könne. Meister Bähr möge dabei tunlichst
bedenken, daß es in der Stadt des Kurfürsten und
Königs August II. viele vorzügliche Gebäude aus
neuester Zeit gäbe, die sich dem Glanz Seiner Majestät würdig erwiesen. Er solle zum Exempel an den
Zwinger oder an das Holländische Palais denken.
Auch wenn es sich bei der Kirche um kein für welt-
liche Zwecke vorgesehenes Projekt handele, so ent-
stände es doch an zentraler Stelle der Residenz, und
es dürfe keinesfalls an Repräsentation mangeln,

auch wenn mit dem Geld sparsam umgegangen
werden müsse. Bähr hatte verstanden und machte
sich voller Elan an die Arbeit.

Schon nach kurzer Dauer lag dem Rat ein Entwurf
für die Frauenkirche vor. George Bähr schlug einen
Bau in Form eines griechischen Kreuzes vor. Der
zentrale Raum sollte mit einer gewaltigen, kupferbedeckten Holzkuppel überdacht werden, den zur

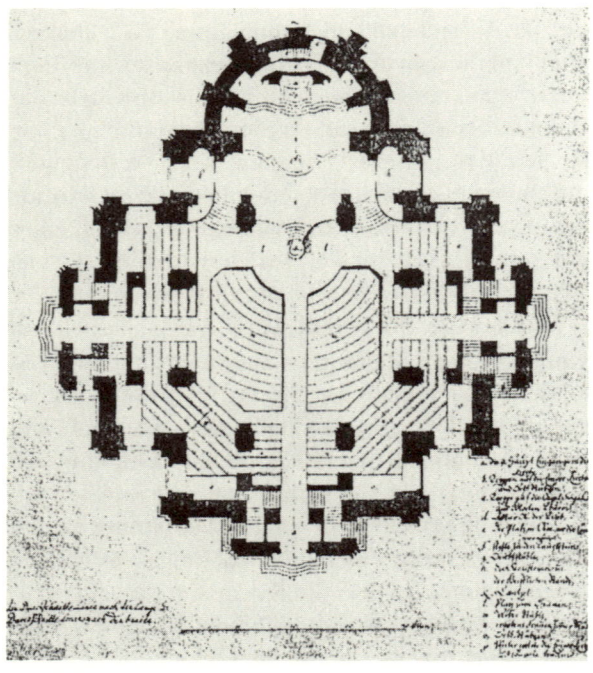

Grundriß des ersten Entwurfs von George Bähr.

Ostseite hin vorgelegten Altarraum sollte ein kleiner Turm schmücken, für die Westseite gegenüber war ein größerer vorgesehen.

Die Ratsherren drehten den Plan hin und her und waren unschlüssig. So recht zufrieden zeigte sich keiner in der Runde, vor allem bei einem Blick auf die kalkulierten Kosten. 103000 Taler sollten zur Umsetzung nötig sein, so hatte es Meister Bähr ausgerechnet. Besser wäre es auf jeden Fall, vor einer Meinungsäußerung die Unterlagen zunächst einmal dem kurfürstlichen Oberlandbauamt zuzustellen, zumal man von dort einen Bauzuschuß erbitten müßte. Ende September 1722 lag die Antwort vor: Abgelehnt, viel zu teuer!

Auch wenn der abschlägige Bescheid von der Mehrheit der Stadtväter vorausgeahnt wurde, schien der Elan für den Neubau schon wieder verflogen zu sein. Die Stadtobrigkeit wirkte wie gelähmt. Über zwanzig lange Monate tat sich gar nichts, obwohl die Klagen über die zu enge und baufällige alte Frauenkirche nicht abrissen und von Sonntag zu Sonntag immer massiver wurden. Dann aber, im Juli 1724, schwangen sich die Dresdner Ratsherrn dazu auf, von George Bähr erneut einen Entwurf abzufordern. Da man Grund zu der Vermutung hatte, nicht jeder könne einen Bauriß so lesen, daß eine hinreichende Vorstellung vom fertigen Gebäude entsteht, bekam Bähr den ausdrücklichen Auftrag, seinem Plan ein dreidimensionales Modell beizufügen. Der Meister begab sich also wiederum ans Werk und ergänzte seine Skizzen um ein mit

Zeichnung zum ersten Entwurf der Frauenkirche. Dresden: Ratsarchiv.

größter Sorgfalt gefertigtes Musterstück. Dennoch,
auch die neuen Vorschläge überzeugten trotz des
veranschaulichenden Modells das Oberlandbauamt

nicht. An dessen Spitze als Generalintendant stand der Reichsgraf Christoph August von Wackerbarth, der zugleich als Festungskommandant wirkte. Dieser einflußreiche Mann, 1724 schon im zweiundsechzigsten Lebensjahr stehend, nahm jetzt rigoros das Projekt selbst in die Hand und beauftragte Johann Christoph Knöffel, einen weiteren Entwurf zu fertigen. Der 1686 geborene Knöffel war zwar ein gelehriger Schüler der großen Könner Matthäus Daniel Pöppelmann und Zacharias Longuelune gewesen und bekleidete jetzt das Amt eines Landbaumeisters, doch seine Sporen hatte er sich bis dahin noch nicht verdient. Sein Gegenentwurf fiel mit Pauken und Trompeten durch, aber das bedeutete keineswegs, nunmehr Bährs Vorschlag zu akzeptieren – immerhin wurde er wiederum angewiesen, einen weiteren, jetzt also dritten Plan einzureichen. Diesmal gab Graf von Wackerbarth die Marschrichtung vor: Vier Nebentürme sollte die neue Kirche haben! Die Vorgabe kam übrigens nicht von ungefähr zustande, sondern der Graf hatte als treuer Diener seines Herrn dessen bauliche Vorlieben sehr genau studiert – August der Starke liebte zentrale Anlagen mit betonten Ecktürmen.

Ein hoffentlich letztes Mal zog sich der immer noch geduldige George Bähr in die erste Etage seines Hauses zurück, um in dem dort eingerichteten Atelier erneut zu grübeln und zu zeichnen. Im Frühjahr 1726 setzte er sein abschließendes Signum unter die Skizzen, lieferte das Material ab und harrte der Dinge, die nun kommen würden. Ein erster Finger-

Grundriß des dritten, endgültigen Entwurfs.

Längsschnitt des ausgeführten Entwurfs der Frauenkirche. (S. 29)

zeig ließ ihn auf guten Ausgang hoffen – Bähr bekam mitgeteilt, daß er sich Architekt nennen dürfe. Ein wenig später – am 27. Mai 1726 – waren die Vorzeichen eindeutig: George Bähr wurde mit der »Aufsicht und dem Directorium des Baues« der neuen Frauenkirche beauftragt, knapp zwei Monate später, am 26. Juli 1726, genehmigte Graf Wackerbarth offi-

ziell seinen Entwurf. Nach vier langen Jahren des Hoffens und Bangens konnte der Meister aufatmen. Nun wird bald jedermann sehen können, was er sich für ein prächtiges Bauwerk erdacht hat! Seine Freude trübte es nicht, daß Bürgermeister Schwarzbach das »Hauptdirectorium« für den Bau erhielt, Hauptsache, es geht nunmehr endlich los.

Am 26. August 1726 fand die feierliche Grundsteinlegung für die Frauenkirche statt. Graf von Wackerbarth erschien nicht nur höchstpersönlich, sondern machte dazu mit einer besonderen Geste auf sich aufmerksam: Der Edelmann stiftete 100 Taler aus seiner Privatschatulle für das neue Projekt. In den Festreden auf der Baustelle und anschließend während des Festmahls im »Breithahn« auf der Breiten Gasse wurde wiederholt die Überzeugung ausgedrückt, der neue Bau werde bis weit in das neue Jahrtausend hinein Zeugnis vom künstlerischen und handwerklichen Können dieser Zeit geben. Mit diesem Credo ging es am folgenden Tag tatsächlich zügig los…

DAS LIEBE GELD

WIE wohl bei jedem Bauvorhaben spielte auch bei der Errichtung der Frauenkirche das liebe Geld eine Hauptrolle. Es fehlte nahezu immerwährend an allen Ecken und Enden, und auch das war und ist häufig genug ein so allgemeines Phänomen, daß hier nicht davon erzählt werden müßte. Was freilich den Sachverhalt kurzweilig und damit des Aufschreibens wert macht, waren einige zumindest für die damalige Zeit ungewöhnliche und originelle Ideen zur Geldbeschaffung.

In seinem ersten Entwurf – man erinnere sich – hatte George Bähr 103 000 Taler aufgelistet, die das Vorhaben kosten würde. Seinem dritten, zur Ausführung freigegebenen Projekt fügte er einen Kostenvoranschlag über lediglich 82 555 Taler bei. Dem klugen Meister mag wohl bewußt gewesen sein, damit bestenfalls an der unteren Grenze der erforderlichen Finanzen zu liegen. Jedenfalls beeinflußte er schleunigst die Dresdner Ratsherren, Kurfürst August den Starken zu bitten, nicht nur mittels des verabredeten Bauzuschusses zu helfen, sondern auf verschiedene andere Weisen. So geschah es dann auch, und zwar in drei wesentlichen Bereichen:

Zum einen wurde erreicht, daß die Fuhrleute, die im Auftrag der Stadt riesige Mengen Holz zum Brennen der Ziegel und Kalksteine herankarren mußten, keinen Zoll zu zahlen hatten. Soweit es irgendwie ging, dehnte man diese Befreiung auch auf anderes, für den Bau der Frauenkirche bestimmtes Material aus. Zum anderen erteilte der Kurfürst die Erlaubnis, die bei Pirna für das Bauwerk gebrochenen Steine lediglich nach der günstigen Hoftaxe und nicht nach den allgemein geltenden Preisen bezahlen zu müssen. Und schließlich versprach der Landesvater, wann immer es ginge, bis zu jeweils zwanzig Maurer und Zimmerleute, die ansonsten am Hofe tätig waren, ebenfalls zur Hoftaxe als Gastarbeiter zur Verfügung zu stellen.

Durch solche Zugeständnisse ermutigt, meinten Bähr und die Ratsherren, noch einen kräftigen Nachschlag aushandeln zu können, und zwar wollte man das für die Bauausführung benötigte Holz kostensparend in den nahe gelegenen kurfürstlichen Wäldern fällen – »Nichts geht mehr«, war die lakonische Antwort Augusts.

Nicht nur animiert durch die Ideen George Bähr, sondern auch von sich aus wurde der Rat in Sachen Geldbeschaffung aktiv. Man würde, so war aus den Bauplänen bekannt, innerhalb der vorgesehenen Betstübchen 864 Sitze für betuchte Pfarrkinder zur Verfügung haben. Die sollten jetzt schon von den Interessenten für 40 bis 50 Taler je Stammsitz eingekauft werden. Um dem eventuellen Vorwurf einer ungerechten Verteilung vorzubeugen, verloste man die einzelnen Platznummern. Bähr fand die Idee so großartig, daß er unterhalb der ersten Empore zusätzlich noch ein Betstübchengeschoß vorsah. Die Lotterie wurde mit großem Aufwand gestartet, das Ergebnis ernüchterte; statt der erhofften etwa 38000 Taler an Einnahmen kamen lediglich 7000 in die schon erheblich geschmolzene Kasse. Im Mai 1728 waren bereits 45000 Taler ausgegeben, im Oktober des Folgejahres hatte man das von Bähr veranschlagte Limit bis auf auf einen Rest von 555 Taler verbraucht. Was nun?

Natürlich wurde zuerst wieder August der Starke angegangen. Empörung machte sich in weiten Kreisen der Bevölkerung breit, als ein damals wie heute unpopulärer Vorschlag bekannt wurde: Man könne doch zugunsten des Gotteshauses die Biersteuer erhöhen! Der Kurfürst lehnte rasch ab. Bauholz, Kalk und Ziegelsteine könne Seine Majestät für den guten Zweck doch überhaupt schenken? August lag durchaus sehr an der Fertigstellung der Kirche, dennoch winkte er auch zu dieser Überlegung ab. Seine Gemahlin, Christiane Eberhardine, war im vergangenen Jahr verstorben und hatte testamentarisch verfügt, daß dem Bau aus ihrem Vermögen ein wenig Geld zufließen solle, also bitte.

Mühselig ging es mit der Finanzierung weiter. Durch den Verkauf von Grabkammern und Grablegen in den Katakomben wurde ein wenig Geld eingenommen – bis zum Jahr 1819 kam es übrigens zu 244 Beisetzungen, dann verbot man aus hygienischen Ursachen die Grablegungen. Die Kreuzkirche und auch die Sophienkirche halfen mit Talern so gut sie konnten, doch die Schwierigkeiten häuften sich. In der folgenden Episode wird noch erzählt werden, wie der Streit um die Kuppel die Geldnot auf die Spitze trieb. Zeitweilig kam der Bau völlig zum Stillstand. 1732 gab es neuen Antrieb, weil die »Große Feuer-Kassen-Sozietät« überredet werden konnte, für zehn Jahre ein größeres Darlehen zu geben. Der Zinssatz belief sich auf drei Prozent, zur Absicherung wurden das Rathaus und einige weitere städtische Gebäude verpfändet.

Bereits zum 21. Juni 1730 hatte George Bähr eine bisherige Kostenabrechnung in Höhe von rund 101 500 Talern vorgelegt, eine für damalige Verhältnisse ungeheuer große Überziehung der Kalkulation. Und 65 500 Taler werde man noch benötigen, rechnete Bähr aus. August der Starke half noch einmal mit einigen tausend Talern vom fernen Warschau aus; am 1. Februar 1733 verstarb er hier. Seinem Sohn, Kurfürst Friedrich August II., war es vorbehalten, unmittelbar nach Regierungsantritt eine Möglichkeit zu finden, die Schwierigkeiten vorerst zu beenden. Mittels einer nicht allerseits mit Beifall bedachten Maßnahme gelang das: Überall in Kursachsen hatte man in den Kirchen für die aus dem Salzburger Land vertriebenen Protestanten gesammelt. Insgesamt 28 366 Taler waren als zweckgebundene Spendengelder zusammengekommen. Der neue, ansonsten nicht allzu entscheidungsfreudige Kurfürst befahl, diese Kollekte nicht wie angekündigt und wie den Spendern versprochen zu verwenden,

Blick auf Dresden von Neustadt aus (Ausschnitt).
Lithographie von Gustav Täubert (1817–1913).
Dresden: Kupferstichkabinett.

sondern dem Weiterbau der Frauenkirche zukommen zu lassen. So geschah es natürlich, doch bald suchte man schon wieder nach dem lieben Geld...

Als nach 17jähriger Bauzeit die Schlußabrechnung erstellt wurde, kam man auf die Summe von 288 500 Talern, 10 Groschen und 6 Pfennigen. Übrigens: Mit der Bestellung zum Baudirektor hatte man George Bähr dem im Verständnis der Obrigkeit recht üppigen Wochenlohn von zwei Talern zugebilligt! Als besonderes Bonbon erhielt er diesen Lohn auch in den Wintermonaten 1726 auf 1727, deren Kälte eine Bautätigkeit nicht zuließ.

DER STREIT UM DIE KUPPEL

VOR dem Modell der
Frauenkirche sitzend, wird sich Baumeister George
Bähr oft Zukunftsträumen hingegeben haben. So
kraftvoll und imposant das gesamte Bauwerk auch
erdacht war, das Eleganteste daran würde doch die
Kuppel sein. Mit einer lichten Weite von 23,5 Metern
und – das vor allem – ihren glockenförmigen, steilen
Aufbau, gekrönt von einer Laterne mit einem abschließenden Obelisk, dürfte sie für jedem Betrach-
ter zu einem unvergeßlichen Eindruck werden. Der
Obelisk in der Form eines großen A würde nicht
allein ästhetische Wirkungen erzielen, sondern zugleich symbolisch für Augustus Rex, den Landesvater, stehen. Bähr war von allem Anfang an über-
zeugt, daß etwas so Schönes wie das erdachte
Bauwerk an keiner Stelle seiner äußeren Hülle bloß
aus Holz gebaut werden kann. Es muß durchweg
aus Stein sein und viele Jahrhunderte überdauern.

Meister George Bähr hatte sein Projekt der günstigen Kosten wegen den Stadtvätern anfangs als
solches mit einer kupferbeschlagenen Holzkuppel
vorgestellt. 1729, im dritten Jahr nach der Grundsteinlegung, hielt er die Zeit für gekommen, dem Rat
reinen Wein einzuschenken. Die Herren reagierten
keineswegs sauer, überraschenderweise auch dann

nicht, als Bähr offenbarte, er habe vom ersten Spatenstich an sowohl bei der Auslegung der Fundamente als auch bei den Dicken der Mauern und Pfeiler so bauen lassen, daß die Last einer Steinkuppel getragen werden könne. Man solle doch nur an den Invalidendom der Preußen denken, den sie vor einigen Jahrzehnten in Berlin errichtet hätten oder an die Sankt-Pauls-Kathedrale in London, um sich die imponierende Wirkung eines steinernen Kuppelbaues vorzustellen. Natürlich, er wisse sehr wohl, das Geld sei knapp, aber das war es sowieso, und schließlich könne man zum Beispiel das schon eingekaufte Holz für die Kuppelkonstruktion wieder veräußern.

Gesagt, getan – am 29. Oktober 1729 beschloß der Rat die steinerne Ausführung, und zwar verbunden mit der Anordnung, die lagernden Balken und Bretter sofort wieder abzustoßen. Freilich, das Oberlandbauamt murrte zunächst, doch ein Auftritt Bährs und sein glühendes Plädoyer für eine Kirche, die gleichsam aus einem einzigen Stein erbaut sein würde, schafften Zustimmung. Alles schien im rechten Lot, da kam Widerstand von einer Seite, mit der George Bähr nicht im geringsten gerechnet hatte und was dazu führte, daß der Rat der Stadt unschlüssig wurde.

Die Schwierigkeiten gingen von einem Mann aus, der seit fast anderthalb Jahrzehnten das Amt des Ratsmaurermeisters bekleidete, Johann Gottfried Fehre. Der Maurermeister war 1726 als Bauausführender bestimmt worden; die Zusammenarbeit mit dem 19 Jahre älteren Architekten Bähr hatte bisher reibungslos funktioniert, zuweilen schienen die beiden Männer in herzlicher Freundschaft verbunden. Nun erklärte Fehre vor dem Rat, er als Praktiker bezweifle sehr, daß die gesamte Kuppel aus Stein gefertigt werden könne; er wolle jedenfalls keine Verantwortung übernehmen, auch wenn man dem Mörtel noch so viel Milch und Quark beimische, um damit die Stabilität zu erhöhen.

Die Bedenken des Ratsmaurermeisters entsprangen sicher nicht einer momentanen Verstimmung oder waren als kleinlich abzutun. Der Meister hatte sehr wohl beobachtet, daß die Architekten immer öfter nach Bauformen strebten, zu deren Stabilität keine Erfahrungen vorlagen. Das, was in späterer Zeit die moderne Stahlbetonbauweise auf der Grundlage exakter statischer Berechnungen ohne weiteres gewährleistete, war im Barockzeitalter ein Wagnis. Die Ratsherren waren demnach nicht zu Unrecht unsicher geworden. Eine Debatte folgte auf die andere, und die Emotionen spielten häufig während der Sitzungen der zwölf Stadträte die Hauptrolle. Im Frühjahr 1730 entschied sich der Rat bei vier Gegenstimmen zu dem Kompromiß, lediglich den Kuppelhals aus Stein bauen zu lassen. Weniger die statischen Bedenken, als die momentan besonders prekäre Finanzsituation beeinflußten wohl wesentlich die Entscheidung. Fehre ging nunmehr pflichtgemäß mit seinen Leuten an die Fortsetzung der Arbeit, doch weder er noch Bähr zeigten sich mit der getroffenen Verfügung zufrieden.

Innenansicht der Kuppel mit Gemälden von
Johann Baptist Grone (1682–1748).

Als plötzlich dank der Weisung des neuen Kurfürsten Friedrich August II. eine größere Menge
Geld zur Verfügung stand – in der vorausgegange-
nen Episode ist davon berichtet worden – sah Bähr
eine erfolgversprechende Gelegenheit, beim Rat

wiederum vorstellig zu werden. Einige Herren zeigten sich erfreut, andere nicht, aber mehrheitlich entschied man, zum Sachverhalt drei Gutachten abzufordern – von Bähr selbst, von Fehre und von Meister Daniel Ebhardt. Letzterer, 1697 geboren, galt trotz seines noch vergleichsweise jungen Lebensalters als ein tüchtiger Steinmetz, sein hohes Ansehen ist u.a. dadurch belegt, daß ihm die Ehre zuerkannt wurde, im August 1726 die Grundsteinlegung der Frauenkirche auszuführen. Zwischen Fehre und Bähr war strittig, ob sich die Last der Kuppel nur auf die inneren Pfeiler oder auf diese und dazu auf die Außenwände verteilt. Fehre blieb nach langen Überlegungen und Studien vor Ort bei seinen grundsätzlichen Bedenken. Der junge Daniel Ebhardt gab sich überhaupt nicht bekümmert und dabei sehr erfahren, er jedenfalls habe schon größere Kuppeln auf schwächerem Unterbau gesehen. Selbstverständlich könne so gebaut werden, wie es Bruder Bähr vorgesehen habe. Die Ratsherren, inzwischen über alle Maßen vorsichtig geworden, konnten sich nicht entscheiden. In ihrer Not baten sie den neuen Generalintendanten des Oberlandbauamtes, Jean de Boldt, um ein abschließendes Gutachten. De Boldt studierte die Stellungnahmen der drei Bauleute und machte sich auch durch Besichtigung auf der Baustelle sachkundig. Schließlich empfahl er einen weiteren Kompromiß zur Lösung des Problems, nämlich die Kuppel aus Stein, die aufsitzende Laterne aber aus kupferbekleidetem Holz zu errichten. Das war es nun endgültig, befand der Rat, und

Ein Eckturm der Frauenkirche.

beschloß am 27. August 1733 unwiderruflich die Kuppelkonstruktion gemäß der Empfehlung Jean de Boldts.

Bähr glaubte, fürs erste zufrieden sein zu können – die Laterne hätte er zwar gern auch noch aus

Steinen aufgebaut, aber gut Ding will Weile haben –, da gab es für ihn erneut einen Nackenschlag. Bevor an der Kuppel weitergearbeitet werden könne, müsse noch über Finanzprobleme befunden werden, vernahm er aus dem Rathaus. Der vor kurzem geflossene Geldstrom sei schon wieder fast versickert. Jetzt war es mit der Geduld des Architekten zu Ende. Etwa 19000 Taler würde das Unterfangen kosten, und die bezahle er aus der eigenen Tasche. Bähr war wahrhaftig kein wohlhabender Mann, aber voller Idealismus für sein Projekt. Durch eine nochmalige Vermählung war er zu ein wenig Geld gekommen, von dem er einen Großteil in die Frauenkirche einbringen wollte. Selbstverständlich nahm der Rat das Angebot rasch an, und nun ging es mit der Kuppel aus Stein zügig voran, leider aber für Meister George Bähr wirtschaftlich bergab. Als im Lauf des Jahres 1736 die Kuppel vollendet war, stand er vor dem finanziellen Ruin, zumal er in seiner Selbstlosigkeit weitere 3800 Taler für den Innenausbau gespendet hatte. Man steckte das Geld in die Ausgestaltung des Altarraums, insbesondere der Brüstung, der Beichtstühle und der Kanzel.

Waren die finanziellen Sorgen schon belastend genug, so quälten Bär weitaus mehr neue Vorwürfe zur Standfestigkeit der Kuppel. Ausgelöst wurden die Anschuldigungen durch Risse in den acht Pfeilern und in deren Verbindungsbögen. Wiederum gab es ein Verbot für den Fortgang der Arbeiten, was speziell die Laterne und den Obelisk betraf. Neue

Gutachten mußten eingeholt werden; in einigen war vom teilweisen Abtragen der Steinkuppel die Rede. Schwer wog in dieser Hinsicht das bezüglich der Stabilität negative Urteil von Gaetano Chiaveri, dem Erbauer der Katholischen Hofkirche. Chiaveri hatte jüngst die Standfestigkeit der Kuppel von Sankt Peter in Rom begutachtet, war für seine scharfsinnigen Schlüsse von der Fachwelt sehr gelobt worden und galt gewissermaßen als Papst der Statiker. Chiaveris und anderer Leute massive Erklärungen wider seine Berechnungen, kleinlicher Streit, Intrigen und manche üble Nachrede zehrten vehement an der Lebenskraft des 70jährigen George Bähr.

Dem Baumeister war es nicht vergönnt, die Fertigstellung der Frauenkirche zu erleben. Die Querelen hätten sich auch nach dem Ableben Bährs wohl noch lange hingezogen, wenn nicht endlich der Kurfürst ein Machtwort gesprochen hätte. Vorausgegangen war wiederum ein Gutachten, diesmal von dem in Leipzig wirkenden David Schatz. Der Architekt hatte zunächst in Dresden gearbeitet und ging um etwa 1700 in die Messestadt. Als Schatz sein Gutachten schrieb, konnte er schon auf fünf Jahrzehnte Bauerfahrungen zurückblicken. Insofern war seine Meinung, es seien keinerlei Veränderungen an der Bauausführung erforderlich, von besonderem Gewicht. Im Juli 1739 verfügte dementsprechend Friedrich August II., die Kuppel bliebe wie sie sei, und damit basta!

Die abschließenden Arbeiten leitete für den verstorbenen Bähr dessen Neffe, Schüler und Nachfol-

ger im Amt des Ratsbaumeisters, Johann Georg
Schmidt. Die Laterne errichtete man nicht als ge-
schlossenen Zylinder, sondern aus vier steinernen
Pfeilern mit einer kupferbedeckten Holzhaube, statt
des von Bähr vorgesehenen Obelisken bildete ein
Kreuz den Abschluß.

Der Siebenjährige Krieg und die Besetzung Sachsens durch die Truppen Friedrichs des Großen
richtete auch in Dresden argen Schaden an. 1760
trafen Dutzende Kugeln aus den Kanonen des Preu-
ßenkönigs die Kuppel der Frauenkirche; der »Dick-
kopf« – wie der ärgerliche Feldherr die Kuppel
bezeichnet haben soll – erhielt zwar Narben in Form
herausgeschlagener Steinplatten, doch blieb er stand-
haft und stürzte zur allgemeinen Verwunderung
nicht in sich zusammen.

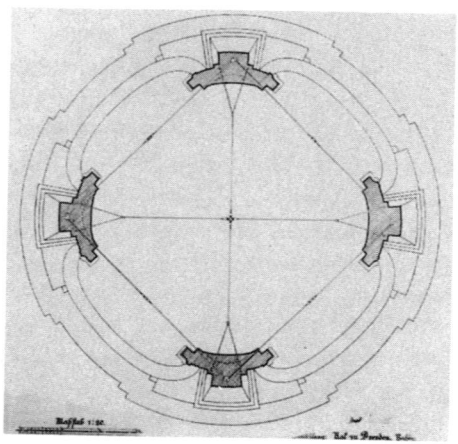

Grundriß der Laterne.

Frauenkirche und Bildergalerie.
Lithographieanstalt des Franz Seraph Hanfstaengl (1804–1877).
Dresden: Stadtmuseum.

Anno 1768 weilte Johann Wolfgang von Goethe
in Dresden. Der junge Mann besuchte die Frauenkirche und stieg unbesorgt hinauf bis zur Kuppel. Von der Laterne aus schweifte sein Blick über
die Trümmer der Stadt. In späteren Jahren erinnerte
er sich in »Dichtung und Wahrheit« seiner Ein-
drücke:

»Die Mohrenstraße im Schutt sowie die Kreuzkirche mit ihrem geborstenen Turm drückten sich
mir tief ein und stehen noch wie ein dunkler Fleck
in meiner Einbildungskraft … Nun lagen die königlichen Schlösser zerstört, die Brühlschen Herrlich-
keiten vernichtet, und es war vor allem nur ein sehr

beschädigtes herrliches Land übriggeblieben … Da rühmte mir der Küster die Kunst des Baumeisters, welcher Kirche und Kuppel auf einen so unerwünschten Fall schon eingerichtet und bombenfest erbaut hatte. Der gute Sakristan deutete alsdann auf Ruinen nach allen Seiten und sagte bedenklich lakonisch: ›Das hat der Feind getan!‹«.

Auch die Vorstellungskraft des Weimarer Dichterfürsten hätte nicht ausgereicht, sich die Schrecken auszumalen, die sich 177 Jahre später über Nacht ausbreiteten und auch der Frauenkirche mit ihrer standhaften Kuppel den Garaus brachten.

SILBERMANNS ORGEL UND
BACHS GASTSPIEL

IM Alter von nur 50 Jah-
ren verstarb 1719 ein Mann, der seine helle Freude
an der Inneneinrichtung der Frauenkirche gehabt
hätte – Leonhard Christoph Sturm. Aus seiner Feder
waren 1712 und 1718 zwei Werke erschienen, die
grundlegende Gedanken zum protestantischen Kirchenbau (»Vollständige Anweisung alle Arten von
Kirchen wohl anzugehen«, so der Titel des letztge-
nannten Buches) enthielten. Dreh- und Angelpunkt
der Auffassungen Sturms spiegelten sich in dem
Satz:

»In den protestantischen Kirchen sieht man vor-
nehmlich darauf, daß eine große Menge einen einigen Prediger wohl sehen und hören könne, daher
man die Stellen unmöglich auf der Erden recht gewinnen kann, sondern man muß sie übereinander
zu gewinnen suchen.«

Der Architekt und Kirchentheoretiker Sturm
ging demnach von der Einsicht aus, daß der Prote-
stantismus nach einer anderen Ordnung als in einem
katholischen Gotteshaus üblich verlangt, gleichsam
nach der lokalen Zusammenführung der Gläubigen.
Der entsprechende Einbau von Emporen galt für
die Kirchenbauten im Barockzeitalter bereits als die
dafür brauchbare Variante. Daß sich um den runden

Blick auf die linksseitigen Emporen.

Raum des Erdgeschoßes der Frauenkirche vier über-
einanderliegende Emporen dahinzogen, wäre also
nicht der besonderen Erwähnung wert. Was allerdings Meister Sturm beglückt hätte und die Kir-

chengemeinde mit anerkennenden Staunen regi-
strierte, war die Art und Weise der Ausführung. Die
aus Holz gefertigten Emporen waren nahezu ver-
schwenderisch in den Raum hineinkomponiert
worden. In wunderbarer Einheit mit der steinernen
Architektur wirkten sie wie zum bequemen Ge-
brauch einladende Möbel. Als Meisterwerke der
Zimmermannskunst stellten sich die 48 Betstübchen
in der unteren Empore dar. Mit den stufenartig ver-
setzten Bankreihen der drei weiteren, von außen
über die Turmeingänge zu erreichenden Emporen,
bot die Frauenkirche Platz für etwa 3500 Menschen.
Daß übrigens die Türme eine Zeit lang umgangs-
sprachlich mit der für Uneingeweihte unschön oder
sogar abfällig empfundenen Bezeichung »Eselstürme« belegt wurden, hatte baugeschichtliche Ursachen. Transporte in die Höhe erfolgten von Alters'
her mittels Tragen über Leitern und Gerüste, doch
auch Tiere, und zwar vor allem Esel, kamen zum
Einsatz. Um derart Lasten bewegen zu können, baute man statt der Wendeltreppen gewendelte Lauf-
bahnen, die zweckentsprechend Eselstürme hießen.
Bekannt sind solche Konstruktionen für die Dome in
Worms, Regensburg und Speyer aus romanischer
Zeit, für den Renaissancebau Sankt Peter in Rom
und in abgewandelter Weise auch noch für die ba-
rocke Frauenkirche.

Wer immer und wo auch immer in der Kirche
weilte, dessen Blick zog der Altarraum förmlich
an. Etwas erhöht angeordnet, plazierte man im vor-
deren Bereich ein Lesepult und den Taufstein. Zwei

weitere Stufen steigend, kam man zu dem reich verzierten Altartisch, zu der kostbar ausgestalteten Altarwand mit Arbeiten des Dresdner Bildhauers Johann Christoph Feige und schließlich zu der eingebauten Orgel, das Werk Gottfried Silbermanns.

Der Orgelbaumeister, am 14. Januar 1683 in Kleinbobritzsch bei Frauenstein geboren, folgte zum Glück nicht dem väterlichen Wunsch, das Buchbinderhandwerk zu erlernen. Als er 1714 mit dem Bau der 45stimmigen Orgel für den Dom zu Freiberg sein Meisterstück vorlegte, stand für die Fachwelt sein begnadetes Talent fest. Hier, in der alten sächsischen Erzbergbaustadt, machte er sich seßhaft, und hier erreichte ihn 1732 die Anfrage, ob er wohl die Orgel für die neue Frauenkirche zu Dresden bauen wolle. Natürlich wollte er, freilich sei das aber eine langwierige und teuere Sache, und da müsse man schon ausführlich über den Kontrakt befinden. Es wurde befunden und auch ein wenig gefeilscht, bis man endlich einen Lohn von 4000 Talern in den Vertrag schrieb. Damit zeigte sich Silbermann zufrieden, doch Kopfzerbrechen bereitete die Zeitvorgabe – bis zum November 1736 sollte die Orgel fertig sein. Wenn er bedachte, daß es um ein dreimanualiges Werk mit 48 Registern und 43 klingenden Stimmen ging und daß noch weitere Arbeiten anstanden, dann saß ihm doch die Zeit allzusehr im Nacken. Erst als er sich der Mitwirkung seines Vetters Georg versichert hatte, zerstreuten sich die Bedenken. Beide gingen zügig an die Ausführung; die Orgel-

Altarraum.

weihe konnte tatsächlich in aller Form zum geplanten Zeitpunkt stattfinden.

Schon einen Monat nach der Weihe, am 1. Dezember 1736, kam Johann Sebastian Bach in die Frauen-

Epitaph in der Frauenkirche von einem unbekannten Künstler.
Christoph von Ragowitz (gest. 13.07.1575)
und Gattin Martha (gest. 13.06.1588).
Lavierte Federzeichnung. Dresden: Kupferstichkabinett.

Epitaph für Wolff von Schönberg (gest. 26.01.1546)
von einem unbekannten Künstler.
Lavierte Federzeichnung. Dresden: Kupferstichkabinett.

kirche, um auf Meister Silbermanns jüngster Königin der Instrumente ein Konzert zu geben. Der Leipziger Thomaskantor verband seinen Auftritt mit besonderen Erwartungen, die mit seiner aktuellen Situation in der Messestadt zusammenhingen. Als er sich im Dezember 1722 um das Thomaskantorat beworben und fünf Monate später den ersehnten Anstellungsrevers erhalten hatte, schien die Welt für den Komponisten Bach in bester Ordnung zu sein. Doch bald bedrückte ihn die ermüdende Alltagsarbeit mit den Thomasschülern; daraus resultierten Meinungsverschiedenheiten und Streitereien mit den Behörden. Von Monat zu Monat prägte sich so zwangsläufig sein Wunsch immer mehr aus, nicht ein in die Bürokratie eingebundener Angestellter zu sein, sondern als relativ unabhängiger Künstler wirken zu können. Seit 1727 schrieb er eifrig zu allen nur erdenklichen Anlässen Musiken für den kurfürstlichen Hof in der Landeshauptstadt Dresden, immer in der Hoffnung, den Titel eines Hof-Compositeurs zugesprochen zu bekommen. Mit Beginn des Jahres 1730 hatten die persönlichen Sorgen enorm zugenommen. Leipzig und die Stadtoberen bekümmerten ihn. Voller Frust vertraute sich Bach einem Jugendfreund in Danzig an:

»Da aber nun (1) finde, daß dieser Dienst bey weitem nicht so erklecklich als mann mir Ihn beschrieben, (2) viele accidentia dieser station entgangen, (3) ein sehr theurer Orth u. (4) eine wunderliche und der Music wenig ergebene Obrigkeit ist, mithin fast in stetem Verdruß, Neid und Verfolgung leben muß,

Kanzel, 1733 -1739 von Johann Christian Feige d. Ä. gefertigt.

als werde genöthiget werden mit des Höchsten Bey-
stand meine Fortun anderweitig zu suchen.«

Im Juli 1733, zum Amtsantritt Friedrich August II.,
widmete er dem Kurfürsten Kyrie und Gloria der

späteren h-moll-Messe und spekulierte dabei vielleicht mit dem verlockenden Gedanken, zum Hofkapellmeister nach Dresden bestellt zu werden. Drei Jahre später, im Sommer 1736, hatte Bach erneut Auseinandersetzungen mit den Leipziger Behörden. Es ging um eine vergleichsweise nichtige Angelegenheit, und zwar darum, wem das Recht zusteht, Chorpräfekten einsetzen zu dürfen. Vor dem Hintergrund des Präfektenstreits erhielt Bach am 19. November 1736 aus Dresden die ersehnte Nachricht, sich »Compositeur bey Dero Hoff-Capelle« nennen zu dürfen, allerdings nicht den erhofften Ruf, fortan in der Residenz sein Domizil aufzuschlagen. Dennoch, mit großer Zuversicht hinsichtlich des weiteren Fortgangs reiste er zum Konzert auf der neuen Silbermannorgel.

Auch Johann Sebastian Bach zeigte sich von der Wirkung der Frauenkirche stark beeindruckt. Natürlich fiel sein Blick zuerst auf die wundervolle Orgel Meister Silbermanns, die George Bähr mit einem ansprechenden Gehäuse umgeben hatte. Geschnitzte, blasende Engel schmückten die Seitengiebel, die Kartusche im geschweiften Mittelgiebel zierten die Initialen D.S.G. Schon in mancher Kirche hatte Bach im Stillen für sich die Sprache dieser drei Buchstaben übersetzt – Deo Soli Gloria/Gott allein sei der Ruhm – doch wie kaum einmal zuvor empfand er in diesem imposanten Gotteshaus die Kraft des Allmächtigen. So wie die Erbauer der Frauenkirche mit ihrem Werk den Ruhm des Schöpfers dienten, wollte er mit seiner Musik und seinem Kön-

Die dreimanualige Orgel von Gottfried Silbermann (1683–1752).

nen ein Scherflein dazu beitragen. Und so erschallte
an jenem ersten Dezembertag des Jahres 1736 ein
Konzert voller Inbrunst bis hinauf zur gewaltigen
Kuppel, die gleichsam Erde und Himmel zu verbin-
den schien. Wer von den Besuchern den Blick nach
oben zu dem Gemälde richtete, erkannte die über
der Gemeinde schwebenden vier Evangelisten zwi-

schen den vier Tugenden. Die im Stil der Zeit gehaltene Ausmalung der Kuppel stammte von Johann Baptist Grone, der, aus Italien kommend, seit 1719 in Dresden weilte und seine Kunstfertigkeit als Maler u.a. schon bei der Gestaltung des Plafonds der Oper und im Jagdschloß Moritzburg belegt hatte.

Gottfried Silbermann und Johann Sebastian Bach erhielten nach dem Konzert in der Frauenkirche viel herzlichen Beifall für ihre Leistungen. Der Orgelbauer fuhr nach Freiberg zurück, der Hof-Compositeur begab sich auf den Weg nach Leipzig. Bis zu seinem Ableben am 28. Juli 1750 hat Johann Sebastian Bach wohl immer wieder einmal auf einen dauerhaften Ruf nach Dresden gehofft und sich dabei auch der faszinierenden Stunden an der Silbermannorgel in der Frauenkirche erinnert.

$\mathcal{D}$ER Erste Weltkrieg, die schweren Hungerjahre und einschneidende innenpolitische Vorgänge setzten auch in Dresden andere Prioritäten als zu gewöhnlichen Zeiten. Am 13. November 1918 teilte der Innenminister des Königreichs Sachsen dem im Ständehaus tagenden Arbeiter- und Soldatenrat mit, heute habe Se. Exzellenz, König Friedrich August III., auf den Thron verzichtet und u. a. die Beamtenschaft von ihrem Treueeid entbunden. Das lähmte zusätzlich zur allgemeinen Situation die Tätigkeit der Behörden. Die Proklamation der Weimarer Republik am 6. Februar 1919 änderte die Lage nicht so rasch wie erforderlich. Zu den Aufregungen des Jahres 1920 in Dresden gehörte das Phänomen, daß hier plötzlich die vor dem Kapp-Putsch fliehende Regierung Friedrich Eberts Zuflucht suchte, um sich dann weiter nach Stuttgart abzusetzen. Um Zwinger und Frauenkirche herum türmten sich Barrikaden, und mancherlei Schaden entstand während der bewaffneten Auseinandersetzungen zwischen Reichswehrtruppen und Einwohnern. So zerschlug ein Querschläger ein Fenster der Gemäldegalerie und blieb in dem Gemälde »Badende Bathseba« des Peter Paul Rubens stecken. Oskar Kokoschka, soeben zum Professor an der Dresdner Akademie der Künste berufen, schrieb daraufhin auf Plakaten und in Zeitungsartikeln:

»Ich richte an alle, die hier in Zukunft vorhaben, ihre politischen Theorien, gleichviel ob links-, rechts- oder mittelradikale, mit dem Schießprügel zu argumentieren, die flehentlichste Bitte, solche geplanten kriegerischen Übungen nicht mehr vor der Gemäldegalerie des Zwingers, sondern etwa auf den Schießplätzen der Heide abhalten zu wollen, wo menschliche Kultur nicht in Gefahr kommt.«

Die wirksame Sorge um die Kulturgüter war durch die sich seit dem Jahr 1919 entwickelnde Inflation zusätzlich erschwert; als das Anschwellen des Papiergeldes 1923 zum Stoppen kam, wurden für eine Goldmark eine Billion Papiergeld gezahlt. Ein Jahr später, im Sommer 1924, erhielt übrigens Sachsens letzter König eine Abfindung in Höhe von 300 000 Goldmark zugesichert.

Vor dem Hintergrund der skizzierten Verhältnisse beginnt die im folgenden geschilderte Episode.

Der Winter 1923/1924 hatte klirrende Fröste mit sich gebracht und wollte nicht enden. Als endlich der Frühling nahte, kam er gleichsam über Nacht. Bäume und Sträucher im Großen Garten schienen urplötzlich dicke Knospen bekommen zu haben, und auch ansonsten spürte das hier zu nächtlicher Stunde promenierende Liebespaar die bekannten Gefühle. Nun machte sich freilich zunehmender Wind bemerkbar, so daß die jungen Leute den durch Heimweg antraten. Sie wohnte in der Inneren Rampischen Gasse, einer schon im Jahr 1370 urkundlich erwähnten Straße in unmittelbarer Nähe der Frauenkirche. Soeben gaben sie sich vor der Haustür einen langen Abschiedskuß, da wurde das Paar durch einen plauzenden Knall erschreckt. Eine Erklärung gab es im Moment nicht dafür – Revolution und Putsch waren längst vorüber –, aber vorsorglich wurde jetzt rasch das Rendezvous beendetet.

Die ersten Händler, die sich im Morgengrauen auf dem Neumarkt einstellten, fanden am Fuß der Frauenkirche einen zentnerschweren Steinbrocken, der zu nächtlicher Zeit offensichtlich von »irgendwoher da oben« heruntergestürzt war und das Liebespaar in Angst und Schrecken versetzt hatte. Unter den Marktleuten allerdings zeigte sich niemand überrascht, denn nunmehr fiel schon seit dem Krieg immer wieder einmal ein Stein von der Kirche hinunter auf den Platz. Anfangs des öfteren, dann nur noch selten, rückten Arbeiter mit langen Leitern an, rührten ein fettes Zementgemisch an und schmierten den Schaden oben in der Höhe aus. Was aber die Größe des hier liegenden Quaders anbelangte, waren sich alle einig, ein dermaßen gewaltiges Bruchstück hatte hier noch keiner gesehen. Da konnte einem doch etwas unheimlich zumute werden, wenn man sich mit seinem Marktstand stundenlang vor der Kirche aufhielt.

Die wieder voll funktionsfähige Baupolizei wurde dringlich verständigt. Schon einige schnelle Blicke durch das Fernglas hinauf bis zur Kuppel zeigten derartige Zerfallserscheinungen am gesamten

Baukörper, daß sie sofortige Sicherungsmaßnahmen verlangte und die vorsorgliche Sperrung der Kirche samt der nächsten Umgebung in Aussicht stellte. Die Leitung der Kirchengemeinde veranlaßte selbstverständlich schnellstens die geforderten Schritte, doch es stand auch außer Frage, daß nunmehr endlich eine aufwendige Sanierungsaktion beginnen mußte. Das konnte die Gemeinde nicht allein mit eigenen Mitteln bewältigen, und sie suchte deshalb nach Verbündeten. Die Landeskirche und die Hilfskassen der anderen Dresdner Kirchengemeinden sagten ihre bestmögliche Unterstützung ebenso zu wie die sächsische Staatsregierung und der Rat der Stadt.

Noch im Jahr 1924 wurde mit den Erneuerungsarbeiten unter der Leitung des städtischen Hochbauamtes begonnen. Nicht geringes Kopfzerbrechen bereitete den Fachleuten die sachdienliche Erstellung des Gerüstes. Die Einrüstung bis zum Beginn des Kuppelhalses mochte noch angehen. Auf den gewölbten Flächen der Kuppel ein Baugerüst so aufzubringen, daß die umfangreichen Reparaturarbeiten nicht allzusehr erschwert würden, stellte aber das eigentliche Problem dar. Schließlich fand sich eine angemessene Lösung. Bei der nunmehr möglichen genauen Untersuchung des Zustandes der Kuppel, aber auch des vertikalen Mauerwerkes, ergab sich ein erschreckender Zustand. Offensichtlich war im 18. Jahrhundert Material aus verschiedenen Steinbrüchen verwendet worden, das nicht die gleiche Widerstandsfähigkeit aufwies. Unter größten Vor-

Gerüstkonstruktion an der Frauenkirche. Aufnahme von 1928.

sichtsmaßnahmen wurden die entsprechenden Steine entfernt und Stück für Stück gegen härteres Elbsandsteinmaterial ersetzt.

Damit war die Arbeit bei weitem noch nicht getan. Die Fachleute erkannten sofort, daß eine weitere Ursache für die latente Einsturzgefahr mit der Verwendung von Bindungselementen aus dem rostanfälligen Eisen zusammenhing. Meister George Bähr und seine Handwerker hatten völlig zu Recht nicht allein auf die Kraft des Mörtels vertraut, sondern stabilisierende metallene Anker, Klammern und Stifte gesetzt. Über knapp zwei Jahrhunderte hinweg verrostete allerdings das Eisen. Jetzt fertigte man die erforderlichen Bindungen aus Bronze oder Kupfer und fügte sie in den Baukörper ein. Selbst die Sachverständigen staunten von Tag zu Tag erneut, welcher Materialaufwand hierzu erforderlich war. Beispielsweise benötigte man allein für die Sanierung der Laterne insgesamt 36 Zentner Kupfer und Zinn, um daraus die bronzenen Bauelemente zu gießen. Freilich, die Laterne war am allerstärksten lädiert; ihre Zuganker hatten sich schon um mehrere Zentimeter aus der einstigen Lage herausgehoben, so daß ein verheerender Einsturz ziemlich sicher in allernächster Zeit erfolgt wäre.

Nach sechs langen Jahren harter Arbeit deutete alles darauf hin, Weihnachten 1930 die Sanierung abgeschlossen zu haben. Im Sommer 1929 schienen die schwierigsten Aufgaben gemeistert. Jetzt mußte noch eine Vielzahl an Kleinigkeiten ausgebessert werden. Dazu gehörte das vorbeugende Auswechseln einiger Fensterstürze, zumal das aufgestellte Gerüst gleich mit genutzt werden konnte. Wo es möglich war, gingen die Handwerker den Austausch besser vom Kircheninneren her an. Als sie sich im Juli 1929 mit einem Fenstersturz beschäftigten, der in der Höhe des zweiten Emporefußbodens lag, glaubten sie ihren Augen nicht trauen zu können. Holzwürmer hatten ganze Arbeit geleistet und die Balkenlagen der Empore so durchlöchert, daß sie völlig morsch waren. Nun nahm man die Holzkonstruktion sowohl des Betstübchengeschosses als auch der darüber angeordneten weiteren Emporen genauestens unter die Lupe. Das Ergebnis war niederschmetternd – alle Fußböden samt tragenden Elementen bestanden nur noch aus morschem Holz. Schon mit dem bloßen Auge waren Durchbiegungen zu erkennen, die sich nach den Messungen bis auf zwanzig Zentimeter beliefen. Da die Balkenauflage von vornherein zumeist nur auf drei Zentimeter bemessen war, grenzte es bei dem Zustand der Balken an ein Wunder, daß die Emporen nicht eingestürzt waren, als sich hier während der Gottesdienste viele Menschen aufhielten. Ein volles Jahr lang mußte weiter gerackert werden, um das verrottete Material zu entfernen und zu ersetzen.

Ein anspruchsvolles Stück Arbeit stand aber immer noch bevor. Die genaue Betrachtung der acht inneren Hauptpfeiler, auf denen die Kuppel ruhte, ließ im Kopfbereich feine Rißbildungen erkennen. Vorsichtig klopfte man den Putz von den Kapitellen, und nun verschlug es selbst den hartgesottensten Fachleuten die Sprache. Steinstücke riesiger Dimension – bis zu zehn Zentnern schwer – waren von der Last der Kuppel zerdrückt und locker geworden. Jetzt ging es tatsächlich darum, der Einsturzgefahr der gesamten Frauenkirche zu begegnen, zumal

Altarseite der Frauenkirche vom Ehrenhof des
Coselschen Palais aus.
Aufnahme von 1930.

auch bald erkennbar wurde, daß selbst die Verbindungsbögen von Pfeiler zu Pfeiler schlimme Zerstörungen erlitten hatten. Was aber konnte vernünftigerweise getan werden, um die Gefahr zu bannen? Die naheliegende Lösung, die Pfeiler voluminöser zu gestalten, verwarf man vor allem aus drei Gründen heraus: Die Kosten wären erheblich gewesen, die Lichtverhältnisse hätten sich beträchtlich verschlechtert, und schließlich wäre die größere Auslegung ein schwerer baukünstlerischen Eingriff in die Architektur George Bährs, den man nicht übers Herz brachte. Nach Anhörung namhafter Experten entschied sich das städtische Hochbauamt, eine große Menge metallener Ringanker einzusetzen und zugleich die zerdrückten Steine durch widerstandsfähigere zu ersetzen. Statiker errechneten damals, daß allein die schichtenweise Verankerung innerhalb der einzelnen Pfeiler deren Tragfähigkeit fast um ein Drittel erhöhte.

Ein beglückendes Erlebnis gab es zum Abschluß der zuweilen beklemmenden Sanierungsarbeiten. Die Ausmalung der Frauenkirche hatte natürlich durch die vielen Reparaturmaßnahmen gelitten. Nun sollten die beschädigten Figuren ausgebessert werden, wobei sich die Restauratoren so weit wie bekannt an den Originalgemälden Giovanni Battista Grones orientieren wollten. Die erforderlichen Vorbereitungsarbeiten erbrachten die Einsicht, daß die Originalbemalung aus der ersten Hälfte des 18. Jahrhunderts teilweise vier neue Farbschichten bekommen hatte. Als die Fachleute Schicht für Schicht ab-

Blick über die Elbe auf die Brühlsche Terrasse
und die Frauenkirche.
Aufnahme von 1937.

hoben, machten sie die freudige Entdeckung, daß
die ursprüngliche Bemalung noch gut erhalten war.
Jetzt bestand ohne weiteres die Gelegenheit, den ori-
ginalen Zustand wieder herzustellen, was natürlich
auch erfolgte.

Nachdem die Gerüste gefallen waren und die
Kirche außen wie innen im neuen Glanz erstrahlte,
als jeder Stein des Bauwerks für weitere Jahrhunderte fest gefügt schien und die altehrwürdige Orgel
Gottfried Silbermanns die Menschen im Gotteshaus
wieder mit ihrem Klang erfüllte, war man von tie-
fer Dankbarkeit erfüllt, daß die Einsturzgefahr der

Frauenkirche gebannt werden konnte. Niemand hätte sich auch nur im geringsten vorstellen können, daß nur anderthalb Jahrzehnte später dieses wunderbare Zeugnis menschlicher Kultur durch Menschenhand in Schutt und Asche fallen würde.

ABSCHIED UND WIEDERAUFBAU

Im Jahr 1945 fiel der Rosenmontag auf den 12. Februar. Nach mehr als fünf Jahren Tod und Vernichtung durch den bisher schlimmsten aller Kriege hatte kaum jemand von diesem zu normalen Zeiten für Frohsinn und Narretei bestimmten Datum sonderlich Notiz genommen. Nun war auch längst die unentwegt aus dem Volksempfängern trudelnde Melodie verstummt, die von dem bald einmal geschehenden Wunder kündete. Am Aschermittwoch ist alles vorbei – voller Sarkasmus und zugleich Hoffnung auf ein rasches Ende des Elends paßte wohl dieser Vers aus einem populären Karnevalslied treffender in die allgemeine Stimmungslage. Millionen Menschen waren umgekommen, Hunderttausende auf der Flucht irgendwohin, und Zehntausende solcher heimatlos gewordener alter Männer, Frauen und Kinder hatten Zwischenstation in Dresden eingelegt. Obwohl die Stadt bis dahin im wesentlichen von Bombenangriffen verschont geblieben war, konnte sie für die vielen Flüchtlinge nur sehr notdürftig Platz bieten. Besonders schlimm wurde es, als in der Nacht vom 13. auf den 14. Februar – von Fastnachtdienstag zu Aschermittwoch – die heulenden Sirenen Fliegeralarm verkündeten. Während einige in stumpfer

Lethargie hilflos verharrten, hasteten andere mit panischer Angst schutzsuchend in die nächstgelegenen Gewölbe; einige hundert Menschen fanden den Weg in die Katakomben der Frauenkirche.

Später haben die Statistiker sachlich aufgelistet, daß 733 Flugzeuge ihre Bomben vor allem dort abwarfen, wo sich einmalige Zeugnisse der Kulturgeschichte konzentrierten. Der Zwinger Matthäus Daniel Pöppelmanns und das Residenzschloß der Wettiner, das Taschenbergpalais Constantia von Cosels und das Opernhaus Gottfried Sempers, die Rampische Gasse mit beeindruckenden frühen Bürgerhäusern sowie die geschichtsträchtige Kreuzgasse und noch viele weitere Bauten, Straßen und Plätze wurden über Nacht vernichtet. Durch jene Region, die vordem als eines der schönsten Stadtzentren überhaupt galt, wälzte sich eine Feuerwalze unvorstellbaren Ausmaßes. Wie starr vor Schreck stand die Frauenkirche inmitten des Chaos. Durch die gewaltigen Detonationen waren ihre Scheiben zwar zerstört, aber ansonsten schien sie erhalten zu sein. Gegen zwei Uhr erreichte die Glut das Bauwerk, drang durch die zerstörten Fenster in das Innere und setzte augenblicklich die Holzeinbauten in Brand. Die Menschen in den Katakomben tief unter der Kirche waren zur Untätigkeit verurteilt. Selbst wenn Wasser zum Löschen zur Verfügung gestanden hätte, hier konnte keine Macht der Welt mehr helfen. Dessen ungeachtet, stand ein näherliegendes Problem zur Lösung an: Sollte man eingedenk der über der Erde tobenden Hölle in den

Gewölben ausharren? Umgeben von Särgen mit Toten aus längst vergangenen Zeiten, entsetzt über das Vernichtungswerk Lebender und mit dem Mut der Verzweiflung suchte man nach einer Antwort. Inzwischen war die Feuersbrunst über den Köpfen immer gewaltiger geworden, und man spürte wohl, in Kürze würde jegliche Fluchtmöglichkeit genommen sein. Gegen fünf Uhr stürmten Hunderte in fliehender Eile hinaus ins Freie dem Elbufer zu.

Das Bild, daß sich mit dem heraufkommenden Tag nach dieser Nacht bot, ist mit Worten allein nicht zu beschreiben. So weit die Augen schauen konnten, sahen sie Trümmerfelder, Ruinen und Tote. Fast unwirklich mußte es da anmuten, daß inmitten der Trostlosigkeit die scheinbar nahezu unversehrt gebliebene Frauenkirche stand. Ihrer vertrauten Umgebung ledig, wirkte sie noch kraftvoller als zuvor, aber zugleich auch machte sie in ihrer Einsamkeit die Katastrophe deutlich. Doch gottlob, das Wahrzeichen Dresdens, die Seele der Stadt, hatte überlebt. Nur einige Stunden lang konnten solche Gedanken gehegt werden, dann sackte die Kuppel nach unten. Ihre Steine mit einem Gesamtgewicht von weit über 20 000 Zentnern zerstörten die ausgeglühten und dadurch mürbe gewordenen Kirchenmauern in Sekundenschnelle. Als die gigantische Staubwolke zu Boden gegangen war, sah man dort, wo vor Minuten noch die Frauenkirche gestanden hatte, einen gewaltigen Trümmerberg, aus dem kläglich wenige Ruinen herausragten.

Ruine der Frauenkirche um 1946.

Es kann als ein Indiz für die enge Bindung der Bürger an das spätbarocke Bauwerk gelten, wenn schon wenige Monate nach Kriegsende, im August 1945, das Landesamt für Denkmalpflege die Chancen für die Wiedererrichtung untersuchte. Bei einem etwa 13 Meter hohen Trümmerhaufen mit schätzungsweise 20000 Kubikmeter Bauresten konnte das wahrlich kein einfaches Unterfangen sein. Dennoch, die Fachleute kamen zu einem eindeutigen Schluß, und zwar dem, daß eine Rekonstruktion unter Einbeziehung von Originalmaterial möglich sei. Vom Winter 1948 an bis zum Frühjahr 1949 wurden 856 Steine beräumt. Gras und Unkraut konnten wachsen, so daß man in den fünfziger Jahren nicht ungern Schafherden hierher zum Weiden führte!

Die Ruinenreste sollten als Mahnmal an die Schrecken des Krieges stehenbleiben. Das war zu DDR-Zeiten so beschlossen worden, und viele Menschen, die ansonsten solcherart Entscheidungen nicht mit Beifall bedachten, fanden das richtig. Man könne, so ein wesentlicher Beweggrund, mit einem Wiederaufbau bestenfalls eine Kopie schaffen, andere hielten entgegen, eine wiedererstandene Frauenkirche wäre ein höchst willkommener Akt der Versöhnung. Im November 1992 verbanden sich engagierte Befürworter des Aufbaus zu einem Kuratorium und trieben mit viel Idealismus die Überlegungen und Notwendigkeiten so voran, daß am 12. Februar 1993 offiziell ans Werk gegangen werden konnte.

Es ist imponierend, wie sich alle Beteiligten mühen, so viel wie irgend möglich originales Material wieder verwenden zu können. Höchst selten sind jemals Trümmerberge mit der Sorgfalt wie in Dresden beräumt worden. Zuvor bezüglich der Lage vermessen, registriert und numeriert, transportiert man die Steine zur Zwischenlagerung in stählerne Regale. Die Bauleute hoffen, nach der Säuberung etwa 10000 Einzelstücke aus alter Zeit in den Wiederaufbau einbringen zu können. Was für ein beglückendes Gefühl, das nicht allein nur Steine zu bergen

*Baustelle Frauenkirche mit Stahlregallager
für wiederverwendbare Steine.
Ansicht von Südost gegen das Ständehaus, 1993.*

sind, sondern inzwischen z. B. auch das zentner-schwere Turmkreuz unter den Trümmern zum Vor-schein kam oder recht gut erhalten gebliebene Fres-ken des Altars freigelegt werden konnten.

Am 23. Dezember 1993 trafen sich Dresdner und Gäste der Stadt vorerst am Fuß der Kirche, die im nächsten Jahrtausend fertiggestellt sein soll, zu einem Gottesdienst. Von da an ist das wiederent-stehende Gotteshaus im Gleichklang mit dem Baufortschritt von Jahr zu Jahr mehr zum Treffpunkt von Menschen aus Nah und Fern geworden, die allesamt ein Wunsch eint: Möge das Aufbauwerk gelingen!

QUELLENVERZEICHNIS

BINDING, G.: Baubetrieb im Mittelalter. – Darmstadt 1993

CONRAD, D.: Kirchenbau im Mittelalter. – Leipzig 1990

ASSDORF, K.W.: Beschreibung der vorzüglichen Merkwürdigkeiten der Churfürstlichen Residenzstadt Dresden. – 1728

FRANZ, H. G.: Die Frauenkirche zu Dresden. – Berlin 1950

FREYBERGER, CHR. A.: Historie der Frauenkirche in Neu-Dresden. – 1728

GECK, M.: Johann Sebastian Bach. – Hamburg 1993

HENTSCHEL, W.: Epitaphe in der alten Frauenkirche. – In: Jahrbuch d. Staatl. Kunstsammlungen Dresden. – 1963/64

HAENEL, E. u. KALKSCHMIDT. E.: Das alte Dresden. – Leipzig 1934

HASCHE, J.CHR.: Umständliche Beschreibung Dresdens. – 2 Bde. – Leipzig 1781 u. 1783

HEMPEL, E.: Geschichte der deutschen Baukunst. – München 1949

HEMPEL, E.: Gaetano Chiaveri. – Dresden 1955

IRVING, D.: Der Untergang Dresdens. – Gütersloh 1964

ICCANDER (Crell, J.Chr.): Das fast auf dem höchsten Gipfel seiner Vollkommenheit und Glückseligkeit prangende königliche Dresden. – Leipzig 1726

LANGE, W.: Die Frauenkirche zu Dresden. – Berlin 1965

LÖFFLER, F.: Dresden so wie es war. – Düsseldorf 1972

LÖFFLER, F.: Die sächsischen Stadtkirchen. – Berlin 1974

LÖFFLER, F.: Die Frauenkirche zu Dresden. – Berlin 1984

LÖFFLER, F.: Das alte Dresden. – Leipzig 1992

MÖLLERING, W.: George Bähr, ein protestantischer Kirchenbaumeister des Barock. – Dresden, Diss. 1933

RAUDA, F.: Rund um die Frauenkirche. – In: Dresdner Anzeiger vom 2. u. 23. Sept. 1926

RICHTER, O.: Der Frauenkirchhof, Dresdens älteste Begräbnisstätte. – In: Dresdner Geschichtsblätter 1894

RÜTH, G.: Die Schäden und Sicherungsarbeiten an der Frauenkirche. – In: Dresdener Jahrbuch 1940

RÜTH, G.: Baugeschichtliche Betrachtungen zur Entstehung der Frauenkirche und zur Gestaltung des Neumarktes in Dresden. – In: Wiss. Z. der TU Dresden, 1969

SCHMIDT, G.: Dresden und seine Kirchen. – Berlin 1976

SPONSEL, J.L.: Die Entstehungsgeschichte der Frauenkirche. – Dresden 1893

STURM, L.CHR.: Vollständige Anweisung alleArten
von Kirchen wohl anzugehen. – Augsburg 1718
WOLF, P.: Die Dresdner Frauenkirche, ihre
Entstehung und ihre Erneuerung. – Dresden
1933

BILDNACHWEIS